WESTEND

W0088400

© privat

Johannes Bröckers, Jahrgang 1960, studierte
Germanistik und Europäische Ethnologie
in Marburg und arbeitete als Journalist,
Texter und Creative Director in der Werbung.
2000 gründete er pleasant_net, das Büro
für strategische Beeinflussung. Er lebt und
arbeitet als Marketingberater, Autor und
Dozent in Frankfurt am Main.

JOHANNES BRÖCKERS

Schnauze, Alexa!

Ich kaufe nicht bei Amazon

Vorsicht! Dieses Buch liefert
überzeugende Argumente

WESTEND

Mehr über unsere Autoren und Bücher:
www.westendverlag.de

Die Deutsche Nationalbibliothek verzeichnet diese
Publikation in der Deutschen Nationalbibliografie;
detaillierte bibliografische Daten sind im Internet über
http://dnb.d-nb.de abrufbar.

ISBN 978-3-86489-251-6
© Westend Verlag GmbH, Frankfurt/Main 2018
Umschlaggestaltung: Buchgut, Berlin
Satz: Publikations Atelier, Dreieich
Druck und Bindung: CPI – Clausen & Bosse, Leck
Printed in Germany

Inhalt

Die Zukunft, auf die wir uns einlassen, ist die Gegenwart, in der wir leben werden

Um das gleich mal klarzustellen: Auch ich verfüge über einen aktiven Amazon-Account und zähle damit also selbst zu den inzwischen rund 44 Millionen Kunden in Deutschland, die dafür sorgen, dass aktuell rund ein Viertel aller Online-Umsätze in diesem Land in der Kasse von Amazon klingeln. Ich kann mich auch noch gut daran erinnern, wie cool ich es damals fand, als ich mein erstes Buch im Netz bestellt habe. Amazon war damals noch ein vergleichsweise kleiner Online-Bookshop, und meinen Lieblingsbuchladen konnte ich aus Zeitgründen in der Regel nur am Samstag besuchen. Und wenn dann das Buch, das mich gerade interessierte, nicht im Laden war, dauerte es eben eine weitere Woche, bis ich es mir abholen konnte. Damals fragte ich meinen

Buchhändler, ob er nicht eine kleine Website einrichten wolle oder wenigstens einen Bestellservice über E-Mail. »Ja, wir diskutieren gerade im Kollektiv, wie wir damit umgehen sollen, das wird aber noch dauern«, war die Antwort. Okay, DSL war damals noch nicht erfunden, und die digitale Welt erschloss sich noch im gemütlichen 56kb-Speed auf deinem Rechner. Aber während mein Buchhändler noch über die Einrichtung einer Mailadresse für Kundenbestellungen nachdachte, bot Amazon schon den gesamten Bücherkosmos inklusive Home-Delivery-Service per Mausklick an. Logisch war das cool, und irgendwie fühlte man sich mit der Zukunft verbunden.

Inzwischen ist meine Bewunderung für Amazon deutlich abgekühlt, und tatsächlich nutze ich Amazon heute eher wie die Notfall-Fertigpizza im Eisfach meines Kühlschranks. Wenn's mal gar nicht anders geht, muss sie dran glauben. In nicht mal 25 Jahren hat es Amazon-Gründer Jeff Bezos geschafft, seine Garagenfirma zu einem One-Billion-Dollar-

Unternehmen zu entwickeln, zum neben Apple wertvollsten Unternehmen des Planeten. Und sich selbst hat er mit aktuell kolportierten 150 Milliarden ganz nebenbei zum reichsten Mann der Welt gemacht. Sauber – und ich war dabei und habe ihn fett gemacht. Nur 58 Länder können ein Bruttoinlandsprodukt vorweisen, das höher ist als das private Vermögen von Jeff Bezos. 135 Länder dieser Erde liegen mit ihrem BIP weit abgeschlagen zurück. Man kann diese Leistung und diesen Typen dafür bestaunen, und sicher wird Bezos in bestimmten Kreisen eine Bewunderung wie die für Steve Jobs zuteil. Aber wir wissen natürlich auch, dass dieser kometenhafte Aufstieg einen hohen Preis hat, den natürlich andere bezahlen und nicht der umtriebige Jeff. Fragen Sie mal ansonsten durchaus kritisch die Welt betrachtende Zeitgenossen aus Ihrem Umfeld nach deren Online-Verhalten. »Sag mal, warum machst du eigentlich immer noch bei Facebook, WhatsApp oder Instagram mit?« »Na ja, ohne WhatsApp könnte ich ja meinen

Job oder meine Familie gar nicht mehr organisieren!« »Aber spätestens seit Cambridge Analytica wissen wir doch, was Facebook und Co. mit unseren Daten machen.« »Ja ich weiß, du hast ja recht, aber … « So etwa versandet die Debatte dann meistens schulterzuckend, und das klingt immer irgendwie nach »Leute, fresst Scheiße, denn 44 Millionen Fliegen können sich nicht irren«.

Warum kaufen wir noch immer bei Amazon? Wir wissen doch alle, dass Amazon Steuern vermeidet, wo es nur geht, und auf seinem Marktplatz massenweise Händler zum Umsatzsteuerbetrug einlädt. Wir wissen, dass Amazon seine Arbeiter in den Logistikzentren permanent mit Kameras überwacht, miserabel bezahlt und schlecht behandelt. Wir wissen, dass Amazon auf dem Weg zur Weltspitze ganze Branchen plattmacht und Märkte zerstört. Und mal ganz abgesehen vom wachsenden Lieferverkehr, den ausgebeuteten Paketboten und den Folgen fürs Klima, hat sich Amazon auch noch zu einer gigantischen Datenkrake entwickelt. Denn darauf basiert der Geschäftserfolg: Jeff Bezos will seine Kunden genau kennen und am besten schon vor uns selbst wissen, was wir als Nächstes bei ihm einkaufen wollen. Also braucht er jede Menge Daten, um unser Einkaufsverhalten zu analysieren. Das alles ist bekannt, und trotzdem kaufen wir mit weiter wachsender Begeisterung immer wieder bei Amazon ein. Die Zahlen sprechen für sich: Allein im ersten Quartal 2018 belief sich der Gewinn auf 1,6 Milliarden Dollar, und der Aktienwert des Unternehmens verdoppelte sich in den letzten zwölf Monaten. Mehr als 17 Millionen aller deutschen Amazon-Nutzer sind Prime-Kunden, zahlen also inzwischen knapp acht Euro im Monat für ihre Prime-Mitgliedschaft, die ihnen einen kostenlosen Versand, den Zugriff auf Prime Video und Prime Music sowie auf spezielle Sonderangebote sichert. 61 Prozent der deutschen Online-Shopper können sich gar ein Leben ohne diese bequeme Art des Einkaufs schon überhaupt nicht mehr vorstellen. Ist es also tatsächlich die Bequemlichkeit, die unser kritisches Bewusstsein in dem Moment komplett sediert, wenn uns Amazon mit neuen Sonderangeboten ködert? Sind wir so träge geworden, dass wir einfach ausblenden, was mit unseren Daten passiert, wenn wir Likes auf Facebook verteilen, Bilder auf Instagram posten oder WhatsApp-Nachrichten verschicken, wo doch angeblich über 70 Prozent aller EU-Bürger Bedenken haben, dass ihre persönlichen Daten im Netz missbraucht werden könnten? Oder hat vielleicht doch der Schriftsteller Arthur Koestler recht, der schon in der analogen Steinzeit der 1970er-Jahre des letzten Jahrhunderts die Ursachen für diese merkwürdige Kluft zwischen Denken und Handeln zu ergründen suchte, die uns Menschen augenscheinlich eigen ist? Koestler vermutet einen gravierenden Evolutionsfehler bei der Konstruktion unseres Gehirns, das ja eigentlich aus drei Gehirnen besteht. Während die rechten und linken Hemisphären unseres Großhirns, die für unsere intellektuellen Fähigkeiten zuständig sind, noch einigermaßen gut verdrahtet sind, hapert es deutlich an der vertikalen Vernetzung zu unserem Stammhirn, das unsere Emotionen und Instinkte steuert, das war Koestlers These (A. Koestler 1989). Ein Defizit mit schwerwiegenden Folgen: Unser Großhirn produziert zwar pausenlos innovative Ideen und hat in den letzten vier Jahrzehnten in rasantem Tempo die Technologien für unsere schöne neue digitale Welt entworfen, emotional aber und in der Kultur des Umgangs mit diesen Technologien kommen wir einfach nicht mit und agieren eigentlich noch immer auf dem Level von Neandertalern. Weshalb ja bis heute Kriegsgeheul der dominierende Soundtrack ist, der die Geschichte der Menschheit begleitet. Wir sind ganz offensichtlich nicht in der Lage, unser Denken und Empfinden wirklich zu synchronisieren, weshalb wir alles, was sich hinter den smarten Oberflächen tut, die uns auf unseren Handys, Tablets und PCs anlachen und uns zum Liken, Posten und Kaufen verführen, ganz problemlos ausblenden können. Wäre es anders, dann müsste ja schon der Gedanke, mal wieder den Amazon-Kaufbutton anzuklicken, einen unmittelbaren und heftigen Brechreiz bei uns auslösen. Tut es aber leider nicht. Und deshalb könnte dieses evolutionäre Wahrnehmungsdefizit dafür sorgen, dass uns die smarte virtuelle Welt noch einmal böse auf die Füße fällt.

Die Zukunft, auf die wir uns einlassen, ist die Gegenwart, in der wir leben werden. Diesen mahnenden Gedanken hat so ungefähr Edward Snowden formuliert. Wir erinnern uns: Snowden hat uns 2013 mit seinen Enthüllungen die weltweit massenhaften wie illegalen Spionagepraktiken vor allem amerikanischer und britischer Geheimdienste vor Augen geführt. »Ausspähen unter Freunden – das geht gar nicht«, kommentierte damals unsere Kanzlerin, deren Handy ja ebenfalls gehackt und abgehört worden war, den NSA-Skandal. Bei einem derart hohen Empörungsgrad kann es eigentlich nur verwundern, dass sich seither an den Abhörpraktiken der Geheimdienste nicht viel verändert hat und der gute Ed noch immer im russischen Exil lebt, weil ihm bis heute keine unserer westlichen und ach so werteorientierten Demokratien Schutz vor amerikanischer Verfolgung und eine neue Heimat angeboten hat. Dabei begründete der Whistleblower seine Aktion mit einem Satz, den wir doch eigentlich alle unterschreiben können: »Ich möchte nicht in einer Welt leben, in der alles, was ich tue und sage, aufgezeichnet wird.«

Auf welche Zukunft lassen wir uns also derzeit ein? Stellen wir es uns doch einmal ganz konkret vor: Wir betreten in einer x-beliebigen deutschen Fußgängerzone ein x-beliebiges Kaufhaus, wo es von Lebensmitteln über Bücher, Papier und Kosmetika, Haushaltswaren, Klamotten bis hin zu Sportartikeln und Elektronik so ziemlich alles gibt, was wir fürs tägliche Leben brauchen. Es könnte also ein Kaufhof oder Karstadt sein, die beide ja gerade fusionieren möchten, weil ihnen der

Onlinehandel so massive Umsatzeinbußen beschert, dass sie wahrscheinlich auch nach einem Zusammenschluss nicht mehr lange überleben werden. Das kann man zwar nicht allein Jeff Bezos in die Schuhe schieben, aber wenn inzwischen jeder zweite Dollar, den Amerikaner online ausgeben, bei Amazon landet und er auch hier in Deutschland den Onlinemarkt dominiert, dann hat das eben schon eine Menge mit ihm zu tun. Wir betreten also dieses Kaufhaus, und bereits unmittelbar am Eingang nimmt uns ein freundlicher Mitarbeiter in Empfang, der von uns Name, Adresse, Telefonnummer und eine Bankverbindung wissen will. Auf unsere Frage, was das jetzt soll, würde uns der freundliche Mitarbeiter klarmachen, dass wir vor dem Einkauf doch ein Kundenkonto eröffnen müssen. Ohne dieses Konto oder eine Kreditkartennummer könnten wir ansonsten zwar gerne durch den Laden bummeln, aber leider keine Waren kaufen. Wahrscheinlich würden wir schon in diesem Moment mit einem freundlichen »Sie können mich mal« auf dem Absatz kehrtmachen. Falls wir aber doch bereit wären, unser Kundenkonto zu aktivieren, würde uns dieser freundliche Mitarbeiter ab sofort auf Schritt und Tritt auf unserem Weg durch den Laden nicht mehr von der Seite weichen. Er notiert, an welchen Regalen wir vorbeigehen und was wir uns anschauen. Zeigen wir größeres Interesse an einem Produkt, flüstert er uns freundlich grinsend ins Ohr: »Übrigens, Kunden, die dieses Produkt bei uns gekauft haben, haben auch dies und das gekauft.« Mal ehrlich, haben wir uns bei einem Besuch in einem Kaufhaus wirklich je dafür interessiert, was die anderen Kunden einkaufen? Nehmen wir nun einmal an, wir lassen diese Form einer äußerst aufdringlichen Begleitung über uns ergehen, haben irgendwann den Toaster, der der Grund unseres Besuches war, gekauft und sind wieder zu Hause. Keinen Tag später klingelt es, und der freundliche Mitarbeiter steht vor unserer Haustür und bittet uns, das gestern gekaufte Produkt zu bewerten. Das wäre schließlich wichtig für die Qualitätssicherung und könnte doch auch für andere Kunden und deren Kaufentscheidung nützlich sein. Das stimmt, denken wir vielleicht, verteilen ein paar Sternchen und geben drei Sätze zur Begründung ab. Von nun an aber steht dieser Kerl, der uns seit Eröffnung unseres Kundenkontos auch noch ungefragt duzt, so ziemlich jeden dritten Tag vor unserer Tür und belästigt uns mit neuen Kaufempfehlungen und Sonderangeboten. Spätestens, wenn er uns dann eines Tages seine Assistentin Alexa vorstellt, die er am liebsten als Dauergast in unserer Wohnung platzieren möchte, weil sie uns dann, vorausgesetzt wir bezahlen eine einmalige Gebühr von 100 Euro, mit vielen tollen Dienstleistungen zur Seite steht, würden wir diese Nervensäge doch ganz sicher wegen Stalking bei der Polizei anzeigen.

Der freundliche Mitarbeiter mag ein alberner Typ sein, aber genau den schickt Amazon zu uns. Die Daten, die zur Eröffnung eines Kundenkontos benötigt werden, geben wir

Jeff Bezos freiwillig. Zusätzlich werden (un-gefragt) alle unsere Klicks auf der Amazon Website sowie unsere Bestellungen regist-riert, gespeichert und im Kontext von bis zu 100 Kundenmerkmalen analysiert und aus-gewertet. Wo wohnen wir, wie weit ist unser Weg bis zum nächsten Supermarkt, mit wel-cher Kreditkarte zahlen wir, zu welcher Uhr-zeit kaufen wir vorwiegend ein, und wie war zu diesem Zeitpunkt gerade das Wetter? So werden aus unserem User-Verhalten Kunden-profile gefiltert, die Amazon nutzt, um heraus-zufinden, wie wir denken. Andreas Weigend, Amazons Chefwissenschaftler von 2002 bis 2004, hat das so zusammengefasst: »Was ich immer wieder gesehen habe ist, dass Amazon seine Kunden besser kennt als der Kunde sich selbst.« (siehe J. Blume 2017) Damals entwi-ckelte Weigend für Amazon die Strategien für das Kundenprofiling mit, und heute fordert er uns auf, die Macht über unsere Daten in der »Post-Privacy Economy« zurückzuerobern, weil er sich Sorgen um die Macht der Manipulationsmaschinen macht, die uns Ideen und Wünsche implantieren, die wir selbst gar nicht haben. Na toll.

Jeff Bezos, dessen großes Credo die absolute Kundenzufriedenheit ist, wird diese Bedenken nicht teilen, denn die Auswertung all dieser Daten dient doch nur dem einen Ziel, uns dämlichen Kunden dabei zu helfen, bessere Entscheidungen zu treffen. Für ein noch smarteres Amazon-Prime-Leben ist es ja wohl nicht zu viel verlangt, auf ein Stück unbeobachtete und rein private Freiheit zu verzichten. Genau, und deshalb bietet uns der so um unser Wohlergehen besorgte Jeff mit Amazon Echo seit 2016 eine mit sieben Mikrofonen und Richtfunktechnologie ausgestattete Lautsprecherbox an, die auf den Namen Alexa hört, die mit uns spricht und mit der das Erfassen von Kundendaten eine ganz neue Dimension erreicht.

Ein sprechendes Zuhause kann auch viel über uns erzählen

»Amazon Echo verbindet sich mit dem cloud-basierten Alexa Voice Service, um Musik abzuspielen, Anrufe zu tätigen, Wecker und Timer zu stellen, den Kalender, das Wetter, die Verkehrslage und Sportergebnisse abzurufen, Fragen zu stellen, To-do- und Einkaufslisten zu verwalten, kompatible Smart Home-Geräte zu bedienen und mehr. Einfach fragen.« So nett und vielversprechend wird uns Alexa auf der Amazon-Website angeboten, und das klingt erst einmal ganz verführerisch. Mit Echo oder vergleichbaren Tools wie Google Home oder dem Apple HomePod soll nun dem smarten Zuhause zum Durchbruch verholfen werden. Die Vision, von der sich viele Hersteller smarter Produkte und Anbieter von Dienst- und Serviceleistungen aller Art gigantische

Umsätze erwarten, ist das sprechende Haus. Also eine interaktive Wohnumgebung, in der wir so ziemlich alles mittels Sprachbefehlen steuern können. Der Schlüssel zu diesem Haus – oder besser die Managerin all dieser phantastischen Möglichkeiten – ist Alexa. Die nämlich verfügt schon jetzt über eine offene Schnittstelle und lässt sich mit einer täglich wachsenden Anzahl an Funktionen erweitern. Schon heute unterstützt Alexa 20 000 Geräte und verfügt über 50 000 Skills. In naher Zukunft also wird Alexa unsere Beleuchtung regulieren und unsere Heizungsthermostate steuern, sie wird unser Essen oder das Taxi bestellen. Alexa wirft die Mikrowelle an, startet den Staubsaugroboter, die Waschmaschine oder unseren Kaffeekocher. Sie versorgt uns mit Musik und Filmen, Nachrichten und Wettervorhersagen, steuert unseren Terminkalender, meldet, wenn im smarten Kühlschrank ein Joghurt abläuft oder das Ketchup zur Neige geht, und führt natürlich unsere Einkaufsliste, mit der wir alle die smarten Haushaltsgeräte und was wir sonst zum Leben brauchen, am besten gleich bei Amazon bestellen. So bequem und einfach können wir im Prinzip schon jetzt dank Alexa leben.

Eigentlich war unser Zuhause ja mal ein Rückzugsort, an dem wir uns geborgen und sicher fühlen und die Ruhe finden, um uns vom Alltags- und Berufsstress entspannen und erholen zu können. Mit der Ruhe wird es im sprechenden Haus aber dann vorbei sein. Schon heute streicheln wir unser Smartphone häufiger als unsere Kinder oder Lebenspartner, und schon bald werden wir wahrscheinlich häufiger mit Alexa oder unserem Kühlschrank sprechen, als mit unseren Mitbewohnern. Unsere Wohnung können wir vom Sofa aus steuern, denn dank Geräuschunterdrückung und Richtfunktechnologie versteht uns Alexa auch dann noch, wenn gerade Musik läuft. Je interaktiver das Haus, desto inaktiver werden seine Bewohner. Schon jetzt warnen WHO und Krankenkassen davor, dass wir krankhaft sesshaft werden. Um halbwegs fit und gesund zu bleiben, wird uns ein Minimum von 150 Minuten an moderater Aktivität pro Woche empfohlen, also beispielsweise schnelles Gehen oder 75 Minuten Joggen als Alternative, was dann schon als »intensive Aktivität« gewertet wird. Doch diese Minimalanforderung schaffen gerade einmal noch 43 Prozent der Deutschen. Das kostet uns und unsere Krankenkassen schon heute Milliarden: von Rückenleiden über Fettleibigkeit und Diabetes bis zu Herz- und Kreislauferkrankungen. Jeder zehnte Deutsche geht heute überhaupt keiner körperlichen Aktivität mehr nach, die länger als zehn Minuten dauert. Das können wir natürlich jetzt nicht allein Alexa anlasten, aber je mehr Funktionen sie übernimmt, desto stärker fördert sie unsere Tendenz zur Trägheit, und deshalb könnte Alexa schon bald zu einem ernst zu nehmenden Gesundheitsrisiko werden.

Gefahr droht auch aus einem anderen Grund. Wer von uns merkt sich noch eine Telefonnummer, seit wir unsere Smartphones jederzeit griffbereit in der Tasche haben, oder einen Weg, seit uns Navis oder Google Maps ans Ziel lotsen? Warum soll sich unser Kopf auch Dinge merken, die unser Handy speichern kann? Blöd nur, wenn wir das Teil dann mal verlieren oder irgendwo verlegt haben. Dann sind wir blank im Hirn und fühlen uns augenblicklich so einsam und verlassen wie Robinson Crusoe auf seiner Insel. Analog zu dieser Erfahrung stellen wir uns nun einmal vor, wir leben in ein paar Jahren in unserer smarten Wohnwelt, die wir schon eine ganze Zeit lang von Alexa steuern lassen. Wahrscheinlich vergessen wir, wo der Lichtschalter war oder wie wir die Waschmaschine einschalten können, falls die überhaupt noch über einen Regler zur manuellen Programmsteuerung verfügt. Und wenn dann mal das heimische Netzwerk ausfällt und Alexa schlappmacht, stehen wir hilflos in unserem sprechenden Haus und können unsere vier Wände in Panik so laut anbrüllen, wie wir wollen. Das Haus bleibt stumm, und unsere intelligenten Haushaltsgeräte verweigern den Dienst. Dann stehen wir ratlos im

Raum und fragen uns, wie wir eigentlich früher die lästigen Krümel auf dem Küchenfußboden entfernt haben? Ach ja, da gab es doch dieses Ding mit dem Holzstiel dran, den man in die Hand nehmen konnte, Besen hieß das, glaube ich.

Eine viel größere und wirklich ernst zu nehmende Bedrohung, die von unserer smarten Assistentin ausgeht, ist vielen Alexa-Nutzern aber vielleicht gar nicht bewusst, oder sie haben sie gleich wieder ausgeblendet. Die sieben hochempfindlichen Richtmikrofone von Alexa sind ja ständig hellwach, damit sie bloß keinen unserer Befehle verpassen. Aber nur, wenn wir Alexa mit ihrem Namen oder einem der beiden anderen wählbaren Codewörter wie Computer oder Amazon ansprechen, wird der blaue LED-Ring illuminiert, der uns signalisiert, dass Alexa jetzt bereit ist, unsere Befehle zu empfangen. Jeden dieser Befehle zeichnet Alexa auf und speichert ihn dauerhaft und unseren Kundenprofilen zugeordnet auf den Amazon-Servern. Jeff Bezos wird also in der smarten Zukunft nicht nur wissen, was wir auf seiner Amazon-Website angeklickt haben. Er weiß, wann wir morgens aufstehen, er kennt unsere Ernährungsgewohnheiten, weiß, welche Musik wir präferieren und welche Filme wir uns gerne anschauen. Er weiß, wie oft wir unsere Wohnung putzen oder unsere Wäsche waschen, wann wir unsere Wohnung verlassen und welchen Weg wir zu unserer Arbeit nehmen, weil wir Alexa noch kurz vor der Abfahrt die Verkehrslage checken lassen. Und manchmal kriegt er noch viel mehr von uns zu hören. Bekanntermaßen, und das haben Tests gezeigt, reagiert Alexa nicht nur aufs Wort, sondern auch, wenn sie Begriffe hört, die so ähnlich wie das Codewort klingen. Wenn beispielsweise ein Berliner statt Amazon »Ham wa schon« sagt oder wenn wir unsere beste Freundin, die auf einen Kaffee vorbeischaut, mit einem »Schön, dich zu sehn, Alexandra« begrüßen, dann fühlt sich gerne auch mal unsere aufmerksame Alexa angesprochen und zeichnet – natürlich aus Versehen – ganze Gespräche auf, die wir zu Hause mit Familie, Freunden, Gästen oder unserer Spülmaschine führen. Ist das tatsächlich die Zukunft, auf die wir uns einlassen möchten, und die Gegenwart, in der wir leben wollen? Seit der Wiedervereinigung leisten wir uns zu Recht und mit viel Aufwand eine ganze Behörde, die die Machenschaften der Staatssicherheit zu DDR-Zeiten aufarbeitet, dokumentiert und Betroffenen Einsicht in die über sie angelegten Stasi-Spitzelakten ermöglicht. Immerhin musste die Stasi damals noch recht mühevoll Informelle Mitarbeiter akquirieren und in Wohnungen einbrechen, um dort unbemerkt ein paar Wanzen zu installieren, um die Gespräche dann mühsam im Keller mitzuschneiden. Keine 30 Jahre später sind wir bereit, 100 und mehr Euro für Alexa auszugeben, eine formschöne Superwanze, die uns, wahlweise mit Bildschirm ausgestattet, komplett überwacht und transparent macht. Mit »Echo Input« wird unsere Assistentin Alexa übrigens gerade mobil, sodass sie uns im Taschenformat auf Schritt und Tritt begleiten kann. Amazon verliert uns so auch dann nicht aus dem Blick, wenn wir mal außer Haus sind. »Ach, egal, ich habe doch nichts zu verbergen.« Dieser Standardsatz aller Datenschutz- und Privatsphäre-Muffel wird uns womöglich bald schon nicht mehr so schnell über die Lippen gehen. Hat uns Alexa eigentlich gefragt, ob sie unsere Daten speichern darf? (Wahrscheinlich haben wir das aber mit dem Akzeptieren der allgemeinen Geschäftsbedingungen beim Einkauf abgenickt, weil wir das Kleingedruckte mal wieder nicht gelesen haben.) Wissen wir, was Amazon mit diesen Daten macht und wo sie womöglich landen? Ja klar, wenn man die Gebrauchsanweisung studiert und bis zur richtigen Einstellung vorgedrungen ist, kann man die Alexa-Befehls-Historie über die App auch wieder löschen. Was noch lange nicht heißt, dass Amazon sie nicht längst ausgewertet und verarbeitet hat. Oder warum sonst sollten unsere Gespräche mit Alexa überhaupt automatisch abgespeichert werden? Natürlich damit Jeff Bezos uns überforderten Kunden helfen kann, die richtige Entscheidung zu treffen. Die allerdings kann doch nun wirklich nur noch lauten: »Schnauze, Alexa!«

Kleiner Witz am Rande: Der Name Alexandra und die von ihm abgeleitete Kurzform Alexa stammt aus dem Griechischen und bedeutet sinngemäß »Beschützerin«. Jeff Bezos hat diese Schutzpatronin für unser Zuhause aber eher als Trojanisches Pferd konstruiert. Er verkauft sie uns als dienstbaren Geist, der alles über uns erzählt, was Amazon zum Weiterwachsen wissen muss.

Ein Marktplatz für alle, von dem nur einer profitiert

»Digitalisierung« ist ja das Zauberwort der Stunde, das sich in ungewohnter Einigkeit von links bis äußerst rechts alle Parteien auf die Fahnen schreiben. Die Kanzlerin, für die das Internet ja bis vor kurzem noch »Neuland« war, verspricht das schnelle Netz für alle jetzt immerhin bis 2025. Dorothee Bär, unsere Staatssekretärin, die den digitalen Aufbruch in Deutschland organisieren soll, träumt von Flugtaxis und ist stolz auf ihren Instagram-Account, weil jetzt auch Jugendliche ihren Eltern erzählen können: »Hey, ich kenne jemanden im Kanzleramt.« Und Horst Seehofer lernt gerade twittern. Sehr schön. Warum wird man bei derart geballter Digitalkompetenz unseres politischen Spitzenpersonals das Gefühl nicht los, dass die allerwenigsten von uns auch nur den Hauch einer Ahnung haben, was diese digitale wie smarte Zukunft eigentlich wirklich ist, auf die wir uns da einlassen. José Ángel Gurría, Generalsekretär der OECD, sieht die Internetkonzerne der Politik um 20 Jahre voraus, hier in Deutschland sind es wohl noch ein paar Jahre Vorsprung mehr. Jedenfalls liegen wir, was den schnellen LTE-Netzausbau angeht, derzeit auf Platz 32 in Europa, knapp hinter Albanien.

Was da auf uns zurollt, kann man am Beispiel von Amazon sehr gut beobachten: Für die meisten Kunden ist Amazon ein großes Onlinekaufhaus, der »Allesverkäufer«, wie Jeff Bezos gerne prahlt. Doch Amazon ist sehr viel mehr. Schon im Jahr 2000 eröffnete Amazon in den USA und zwei Jahre später dann auch in Deutschland seinen Marketplace. Neben Amazon kann auf diesem Marktplatz im Prinzip jeder seine Waren anbieten und verkaufen: von der Einzelperson, die ein gelesenes Buch gebraucht verkaufen will, über Kleinunternehmen und Manufakturen, die ihre Produkte außer im eigenen Laden auch auf der Amazon-Plattform verkaufen möchten, bis zu globalen Markenanbietern. Um die zwei Millionen aktive Verkäufer tummeln sich inzwischen auf dem Amazon Marketplace, die dafür unterschiedliche Gebühren zahlen. Der kleine Einzelverkäufer drückt pro verkauftem Artikel eine Umsatzbeteiligung und eine Grundgebühr an Amazon ab. Vielverkäufer oder Power-Händler schalten für ihren Marktplatz ein Abo für derzeit 39 Euro im Monat und können auf Wunsch auch noch die Lager- und Logistikservices dazu buchen, wenn sie für die Lieferung an ihre Kunden eines der Amazon Fulfillment Center nutzen wollen. Den Zahlungsverkehr wickelt Amazon ab, und die erzielten Erlöse werden abzüglich Gebühren und Verkaufsprovision dem Verkäufer gutgeschrieben. Das klingt doch erst mal prima: für den Kunden, dem dieser Marktplatz eine riesige Auswahl von Produkten offeriert, und für die Händler und Verkäufer, denen sich die Chance eröffnet, in vielen Ländern dieser Welt über 300 Millionen Amazon-Kunden zu erreichen. Vielfalt, Wettbewerb und Konkurrenz, die das Geschäft belebt – da scheint doch im besten kapitalistischen Sinne alles in Ordnung zu sein, wenn Jeff Bezos davon schwärmt, dass auf seinem Marktplatz für jeden Unternehmer (Umsatz-)Träume wahr werden.

Traumhaft sind auf jeden Fall die Renditen, die Amazon auf seinem Marktplatz erwirtschaftet. Für die Lieferanten, die Amazon direkt beliefern, oder die kleinen und größeren Marktplatzhändler, die ihr Glück auf dieser E-Commerce-Plattform suchen, gibt es da schon deutlich weniger Anlässe für Träumereien. Die Lieferanten, die Ähnliches wahrscheinlich auch schon von ihren Geschäftsverbindungen zu den großen Warenhäusern in der analogen Welt kennen, werden natürlich mit harten Lieferverträgen und Handelskonditionen geknebelt und maximal geschröpft. Kundenorientierung zum immer günstigsten Preis geht bei Amazon selbstverständlich nie auf Kosten der eigenen Handelsspanne, sondern zu Lasten der Lieferanten, die gefälligst auch noch ihre Preise drücken sollen. Davon weiß jeder Lieferant ein Lied zu singen. Neben den Produkten selbst müssen alle erdenklichen Produktdaten geliefert werden, Garantien bezüglich Lieferbarkeit und zur eingeforderten Schnelligkeit der Lieferungen, Bedingungen zur Rücknahme aller Kundenretouren mit voller Gutschrift plus den entstehenden Frachtkosten, Marketingzuschüsse, härteste Anlieferungsbedingungen und vieles mehr. Aber auch die »freien« Händler auf diesem Marktplatz haben nicht unbedingt viel zu lachen. Händlern im Billigbereich, die hier ihre Ein-Euro-Artikel verticken, kann es passieren, dass sie abzüglich Mindestverkaufsgebühr, Handelsprovision und Steuern schnell mal ein Minusgeschäft machen. Dumm gelaufen. Und weil der listige Jeff nicht nur seine Kunden immer differenzierter durchleuchtet, sondern auch die Händler auf seinem Marktplatz genau im Blick hat, nutzt er den Amazon Marketplace im Grunde wie ein Forschungs-, Trend- oder

Entwicklungslabor, für das er keinen Cent bezahlen muss, weil das ja seine Händler für ihn erledigen. Entpuppt sich beispielsweise das Produkt eines Marketplace-Händlers als rentabler Verkaufshit, beginnt Amazon damit, dieses Produkt in Eigenregie zu produzieren, kickt den Bestseller des kleinen Konkurrenten aus dem Markt oder kauft gleich den ganzen Laden auf und verleibt ihn seinem Imperium ein. Der Rest der Händler darf weiter Wettbewerb spielen und dafür neuerdings auch noch die Amazon Marketing Services nutzen, mit denen sich Amazon im Schweinsgalopp Anteile am großen Online-Werbekuchen sichert. Damit kann man beispielsweise als Kaffeelieferant eine Werbung kaufen, die das eigene Produkt unter dem Kaufbutton eines Mitbewerbers platziert, um den eigenen Kaffee nun preiswerter, aromatischer oder bekömmlicher zu präsentieren. Der Mitbewerber kann und soll nun ebenfalls auf diesen Werbeplatz bieten, um den lästigen Konkurrenten wieder zu verdrängen, und wenn er mehr zahlt – Google lässt grüßen – holt er sich die Werbefläche wieder zurück. Ein mörderisches Spiel, bei dem es am Ende wieder drei zu null für Jeff Bezos steht, denn Amazon verdient an der Marktplatzgebühr, der Verkaufsprovision und am Wettbewerb um die besten Werbe- und Verkaufsplätze. Amazon ist nicht nur der größte Händler dieses Marktplatzes, sondern sein Besitzer – und der bestimmt nun mal die Spielregeln. Amazon entscheidet, wer auf diesem Marktplatz in der 1a-Lage verkaufen darf und wer sich weiter hinten einzureihen hat oder gleich ganz vom Handel ausgeschlossen wird. Fairer Wettbewerb sieht anders aus, denn eigentlich ist dieser Marktplatz eine gigantische Monopoly-Maschine, die einzig den Platzhirsch immer mächtiger und fetter macht.

Als Inspiration für die Namensgebung seines Unternehmens diente Jeff Bezos der Amazonas, der mächtigste und wasserreichste Fluss der Welt. Dem Amazonas gleich hat mittlerweile Jeff Bezos den mächtigsten Warenfluss der Welt in Gang gesetzt, der inzwischen auch ein gigantischer Geldstrom ist, der immer nur in eine Richtung fließt. Trotzdem ist für Jeff Bezos noch immer jeder neue Tag »day one«. Der erste Tag. Das kann man aus seinem Mund getrost als ernst zu nehmende Drohung verstehen, denn er meint damit: Wir stehen gerade erst am Anfang. Bevor Jeff Bezos Amazon startete, war er schon als erfolgreicher Hedgefonds-Manager in New York unterwegs, das heißt, er wusste, wie das Börsenbusiness funktioniert. Über viele Jahre reinvestierte der Amazon-Chef jeden Dollar, den er verdient hat, in die Weiterentwicklung seines Unternehmens. Gleichzeitig gelang es ihm als guter Geschichtenerzähler – trotz hoher Verluste, Dotcom-Blase und kleineren Rückschlägen –, immer wieder das Vertrauen der Börse zu gewinnen und damit frisches Kapital zu akquirieren. Mit dem doppelten Effekt, sein Unternehmen in rasantem Tempo ständig weiter auszubauen und wegen der hohen Verluste, die seine Bilanz auswies, niemals Steuern und auch keine Rendite an die Aktionäre zu bezahlen. Igitt. Schon seinen Stammsitz Seattle wählte er damals wegen der günstigen Unternehmenssteuersätze aus. Inzwischen hat Seattle ein ähnliches Problem wie San Francisco, wo Google, Apple und Co. zu Hause sind. Die großen Konzerne bringen zwar auch Wohlstand in die Stadt, aber die ärmeren Menschen bleiben auf der Strecke und landen auf der Straße, weil sie die rasant steigenden Mieten nicht mehr bezahlen können. Um dieses Problem zu bekämpfen und den sozialen Wohnungsbau zu fördern, beschloss der Stadtrat von Seattle kürzlich, eine Head-Tax einzuführen. Große Unternehmen wie Starbucks oder Amazon sollten pro Mitarbeiter und Arbeitsstunde eine lokale Steuer von 26 Cent bezahlen. Für Amazon, das wertvollste Unternehmen der Welt, hätte dies eine zusätzliche Steuerlast von lächerlichen 20 bis 30 Millionen Dollar im Jahr bedeutet. Undenkbar. Amazon drohte mit dem Stopp von Bauprojekten und übte so lange Druck aus, bis der Stadtrat die Steuer wieder fallen ließ. Das Beispiel zeigt, wes Geistes Kind der superreiche Jeff ist. Echt arm.

Aber, Moment mal, Amazon engagiert sich doch für soziale Zwecke und hat mit Amazon Smile auch in Deutschland bereits seit 2016 ein großartiges Wohlfahrtsprogramm gestartet, mit dem wir Kunden beim Amazon-Einkauf auch gleich einen Verein oder eine Organisation unserer Wahl unterstützen können. Da kommt sogar Amazons Deutschland-Chef Ralf Kleber ins Schwärmen: »Sie müssen nicht in die eigene Tasche greifen, sondern dürfen Amazon in die Tasche greifen.« (siehe K. Bliem 2017) Wie schön. Wenn wir registrierte Smile-Käufer sind, überweist Amazon 0,5 Prozent unsere Einkaufssumme ohne Abzug an den von uns bevorzugten Spendenempfänger. Um also sagen wir mal 50 Euro für die Obdachlosenhilfe in Seattle zu spenden, müssen wir einfach nur für 10 000 Euro bei Amazon einkaufen. So macht Smile doch wirklich Freude.

Doch nicht nur in Seattle kuscht die Politik, wenn Amazon die Muskeln spielen lässt. Unser Finanzminister Olaf Scholz lässt sich ja gerade dafür feiern, dass er ab Januar 2019 nun endlich dem lange bekannten Umsatzsteuerbetrug tausender vor allem chinesischer Händler auf dem Amazon Marketplace einen Riegel vorschiebt. Für die Waren dieser Händler haben wir deutschen Kunden beim Einkauf zwar immer fleißig unsere Mehrwertsteuer abgedrückt, aber weil kaum einer dieser Händler in Deutschland registriert war und folglich auch keine Steuernummer hatte, kam die fällige Umsatzsteuer natürlich nie beim Finanzamt an. Amazon spielte lange die Unschuld vom Lande. Man sei schließlich nur ein Plattformbetreiber und nicht dafür verantwortlich, wenn Händler ihre Steuern nicht bezahlen. Das immerhin ändert sich in Zukunft, wenn Plattformbetreiber wie Amazon oder eBay in die Pflicht genommen werden, für eine ordentliche Registrierung zu sorgen und diese auch an die jeweiligen Finanzämter weiterzuleiten. Aber wie immer in diesen Fällen heißt das Spiel: »Wir schnappen uns die Kleinen und lassen die Großen in Ruhe.« Wo hat Amazon Europa, das auch die Geschäfte in Deutschland organisiert, sein Quartier bezogen? Natürlich in Luxemburg, dem idealen Partner, um aus dem zwischen 2007 und 2016 erwirtschafteten Umsatz von mehr als 110 Milliarden Euro einen Gewinn von gerade einmal 475 Millionen Euro zu machen (= 0,4 Prozent). Für diesen Gewinn hat Amazon mit einigen großherzogtümlichen Bilanzierungstricks nicht nur keinen lumpigen Cent Steuern gezahlt, sondern im Gegenteil noch an die 15 Millionen Euro Steuerrückerstattung von Luxemburg erhalten. Bei so viel Steuergerechtigkeit konnte dann auch die EU nicht mehr wegschauen und verdonnerte Luxemburg, nicht etwa Amazon, zu einer Nachzahlung von 250 Millionen. Ja, Jeff Bezos macht das alles, wie gesagt, sehr clever. Für die schnelle Expansion reinvestiert er die Einnahmen in sein Unternehmen, weist hohe Verluste oder nur marginale Gewinne aus, die er dann, Steuern vermeidend, dahin verschiebt, wo es am wenigsten kostet. Vom großen Geldstrom soll eben möglichst wenig für andere abgezweigt werden. Aus der Sicht von Jeff Bezos und den Amazon-Aktionären ist das ja zu verstehen, aber als stinknormaler Steuerzahler fragt man sich schon, was eigentlich daran so schwer sein soll, Internetgiganten wie Amazon und Co. angemessen zu besteuern. Und zwar nicht erst dann, wenn die Gewinne kleingerechnet und in Steueroasen verschoben wurden, sondern genau da, wo die Umsätze von den Amazon-Kunden generiert werden. Hier wäre nun allerdings die Politik gefordert. Einheitliche Steuern und Steuertransparenz werden in der EU zwar seit ewigen Zeiten immer mal wieder diskutiert, doch alle Vorstöße in diese Richtung verlaufen in schöner Regelmäßigkeit im Sande. Und hier haben sich deutsche Finanzminister inklusive Sozi Olaf Scholz bisher auch nicht als Vorreiter aufgespielt, um vielleicht wenigstens mal die Steueroasen innerhalb der EU für mehr Steuergerechtigkeit trockenzulegen. Man kann ja Amazon nicht vorwerfen, dass es die eingeräumten Spielräume ausnutzt.

Seit Jeff Bezos Amazon gestartet hat, operiert er nach dem immer gleichen Prinzip. In jeder neuen Branche, die er sich vorknöpft, versucht er zunächst eine Marktdominanz zu erreichen, indem er die Wettbewerber mit Billigangeboten in einen ruinösen Preiskampf zwingt, um diesen Markt dann im Idealfall komplett zu ersetzen. In seinem Heimatmarkt Amerika hat er so in erheblichem Maß dazu beigetragen, dass in den letzten zehn Jahren rund 85 000 lokale Einzelhändler und an die 35 000 Hersteller vom Markt verdrängt wurden, was deutlich macht, dass Amazon weit mehr Arbeitsplätze zerstört, als dieses Unternehmen neue Stellen schafft. Mal abgesehen von den sicher gut bezahlten Managern, IT-Experten und Datenanalysten, sind das vor allem Jobs in den Amazon Fulfillment Zentren. In Deutschland führt Amazon zwölf solcher riesigen Logistikzentralen, in denen rund 14 500 Mitarbeiter beschäftigt sind. In Spitzenzeiten wie dem Weihnachtsgeschäft kommt dann gut und gerne noch mal die gleiche Zahl an Saisonarbeitern dazu. Päckchen packen im Akkord heißt es bei Amazon aber nicht nur zur Weihnachtszeit. In Deutschland, wo es noch einigermaßen funktionierende Gewerkschaften gibt, hat es Amazon zwar etwas schwerer, die rüden amerikanischen Arbeitsmethoden durchzusetzen, aber auch hierzulande wird in den Logistikzentren unter extremem Zeitdruck, bei schlechter Bezahlung und unter permanenter Videoüberwachung schwer geschuftet. Weil Verdi Amazon seit geraumer Zeit nervt und es über die Grenze nach Polen und Tschechien viel billiger ist, eröffnet Amazon dort ein neues Lager nach dem anderen – deutsche Produzenten schaffen jetzt also ihre Ware nach Polen, von dort geht sie dann nach Berlin oder München. Für Amazon sind die Packer in den Logistikzentren eher ein lästiges Übel. Aber man arbeitet mit Hochdruck daran, die Fulfillment-Zentren möglichst schnell komplett zu automatisieren, dann hat sich auch der Stress mit den Gewerkschaften erledigt. Bis es so weit ist, werden sie weiter ausgepresst. Der sogenannte Prime Day am 12. Juli 2016, also ein Tag mit speziellen Sonderangeboten für die Amazon-Prime-Kunden, war für Amazon.de mit sieben Millionen verkauften Produkten der bis dahin erfolgreichste Verkaufstag aller Zeiten. Das macht rund 81 Bestellungen pro Sekunde, und man kann sich vorstellen, was in den Logistikzentren los war. Oder auch nicht. Und da sind wir wieder bei unserem Wahrnehmungsdefizit, dieser merkwürdigen Kluft zwischen Denken und Handeln. Wir kennen die miserablen Arbeitsbedingungen bei Amazon, und es ist uns auch nicht verborgen geblieben, dass auch die Paketboten, die uns die vielen Päckchen nach Hause bringen, in vielen Fällen auf Mindestlohnniveau unterwegs sind, und zwar in einem Takt von nicht mal zweieinhalb Minuten pro Auslieferung. Ein Blick in die gehetzten Augen des Paketboten, der als

Nächstes an Ihrer Tür klingelt, erzählt alles. Hindert uns das, am Prime Day millionenfach den Amazon-Kaufbutton zu klicken? Insofern ist auch die berechtigte Empörung, die aufschäumte, als herauskam, dass Amazon Retouren, also von Kunden zurückgeschickte Waren, massenhaft vernichtet wurden, heuchlerisch. Natürlich ist es ein Skandal, wenn neuwertige Waren im Wert von mehreren 10 000 Euro pro Tag in der Müllpresse landen – aber wer sind die Weltmeister im Rücksenden von online bestellten Waren? Yes, die deutschen Onlinekunden. Das rechtfertigt nun in keiner Weise die wenig nachhaltig angelegte Amazon-Methode bei der Bearbeitung von Retouren, hängt aber unmittelbar mit unserem Bestellverhalten zusammen. Die Rücksendung kostet uns zwar vordergründig nichts, ist aber eine riesige Ressourcenverschwendung und belastet das gebeutelte Klima zusätzlich mit ungezählten sinnlosen Frachtkilometern mehr. Nicht in der Zukunft, sondern im Hier und Jetzt. Die meisten unserer Rücksendungen lässt sich Amazon übrigens nach Tschechien schicken – warum wohl.

Der märchenhafte Aufstieg von Amazon begann mit Büchern. Die waren praktisch zu lagern, gut zu verschicken und hatten einen weiteren großen Vorteil: kontinuierlich neue Titel und Inhalte. Ein ideales Produkt für den Onlinehandel, zudem ausgestattet mit internationalen ISBN-Buchnummern, also perfekt geeignet für die Verarbeitung in automatisierten Prozessen. In Deutschland fand Amazon zudem einen optimal organisierten Markt vor, den Jeff Bezos 1998 als neuer Mitspieler betrat. Als Erstes brachte er die stationären Buchhändler ins Stolpern, deren Zahl seither ja auch schon markant geschrumpft ist. Die Leute lesen weniger, jedenfalls in klassischer Buchform, und wer online einkauft, kommt eben nicht mehr in den Buchladen. Inzwischen können sich aber auch die Verlage warm anziehen, denn Amazon hat sich mittlerweile zu einem Medienkonzern entwickelt, der neben Filmen und Serien jetzt ausgerechnet

Bücher produziert. An die 800 Titel umfasst das Amazon-Programm inzwischen, Tendenz steigend. Deshalb hat Amazon jetzt zunächst schon mal schon einen Deal mit dem Buchgroßhändler Koch, Neff & Volckmar gemacht und sich so die Tür in alle deutschsprachigen Buchläden für das eigene Verlagsprogramm geöffnet. Jetzt mal Hand aufs Herz, verehrte Buchhändler, wenn morgen ein Kunde im Laden steht, der ein Buch aus dem Hause eines Amazon-Verlags kaufen will, kriegt der dann ein »Sorry, Amazon-Bücher kommen mir nicht ins Regal« zu hören, oder nehmen wir den schnellen Umsatz mit? Und warum beliefern Verlage einen Mitbewerber, der die gesamte Branche bedroht, noch immer direkt mit den eigenen Büchern? Das fühlt sich doch an, als lieferte man dem Gangster, der dich mit einem Revolver bedroht, noch selbst die Munition, mit der er dich im nächsten Augenblick plattmacht.

Spielen wir doch mal das Worst-Case-Szenario durch: Day One, Amazons Übernahmeangriff auf den deutschen Buchmarkt. Zunächst würde Amazon wahrscheinlich seine eigene stationäre Bookstore-Kette flächendeckend und an strategisch gut gewählten Standorten installieren. In allen Fußgängerzonen, Warenhäusern und in direkter Nachbarschaft zu etablierten Buchläden, so wie Amazon das bereits in Seattle, Chicago oder San Diego macht. In diesen ästhetisch wie inhaltlich normierten Shops präsentiert Amazon sein Bücherangebot im gewohnten Marketing-Sprech: »Bücher mit mehr als 10 000 Kritiken auf Amazon.com« oder »Bücher mit mehr als 4,5 Sternen«. Ganz sicher haben die Amazon-Algorithmen auch schon die Bestsellerlisten der letzten Jahre quer durch alle Genres gefiltert, um die, sagen wir, 500 umsatzstärksten Autor*innen, zu ermitteln. Die bewirft Amazon nun im zweiten Schritt so lange mit Geld, bis sie alle einen Vertrag unterschreiben und in Zukunft nur noch bei Amazon veröffentlichen. Mit einem Schlag hätte Amazon dann einen Großteil seiner verlegerischen Mitbewerber abgeräumt. Ein halbwegs ambitionierter Verlag verdient wahrscheinlich mit 85 Prozent der Bücher, die er auf den Markt bringt, nur wenig Geld und ist froh, wenn die Herstellungskosten eingespielt werden, denn oft genug steht da am Ende auch ein Verlustgeschäft. Und warum agiert ein Verlag so, wenn sich das gar nicht rechnet? Weil ihm vielleicht Autoren wichtig sind, die etwas zu erzählen und zu sagen haben, und Bücher mit Themen, die sich nicht immer nur am Mainstream orientieren. Der Vorteil für den Leser ist eine große Angebotsvielfalt, die letztlich von den fünfzehn Prozent der überdurchschnittlich gut gehenden Bücher und Bestseller mitgetragen und finanziert wird. Zieht Amazon also nun nur diese fünfzehn Prozent der Umsatzbringer auf seine Seite, liegt der Konkurrent am Boden. Eine gruselige Vorstellung, aber so ungefähr könnte das funktionieren. Und spätestens jetzt müssten doch alle Alarmsirenen anspringen, Code Red im Dauerton. Denn wenn es so weit kommt, haben neben Buchhändlern und Verlagen bald auch die Großhändler ausgedient. Wenn Amazon in naher Zukunft über die größte Ladenkette verfügt und online sowieso der größte Vertriebskanal ist, warum sollte Jeff Bezos dann noch Umsätze mit einem Großhandel teilen, der sowieso hauptsächlich die eigenen Shops beliefert? Das können dann doch seine bestens organisierten Logistikzentren gleich noch mit übernehmen. Auf »Märkte dominieren«, folgt »Märkte ersetzen«. Schön blöd, aber es nutzt ja jetzt auch nichts – wie eigentlich immer in den letzten 20 Jahren –, weiter in Angststarre gefangen zuzuschauen, wie sich Amazon in ungebremstem Angriffsmodus immer größere Teile des Spielfeldes sichert. Da wäre doch jetzt langsam mal Bewegung und ein koordinierter Gegenangriff angesagt.

Wie also könnte der Day One der deutschen Buchbranche aussehen, um Amazon den Wind aus den Segeln zu nehmen? Nur mal als Idee: Alle Verlage und Buchhändler in Deutschland verbünden sich und installieren die gemeinsame Lese- und Bücherplattform im Netz. Ein Onlineshop, der im Verbund mit den Buchhändlern über rund 5 000 Abholstationen im ganzen Land verfügt, die jeden Kunden auch noch kompetent beraten können. Ein Onlineshop mit einem Serviceangebot, bei dem selbst Amazon nicht mithalten kann. Der Kunde hat die freie Wahl: Er kann sich seinen Lesestoff online bestellen, nach Hause liefern lassen oder beim Händler seiner Wahl selbst abholen und ein Gespräch mit seiner Buchhändlerin führen statt mit Alexa. Er kann sein Buch aber auch im Laden kaufen und selbst nach Hause tragen oder den Lieferservice in Anspruch nehmen. Ein Konzept also, das die digitalen Vertriebs- und Servicemöglichkeiten im Sinne der Kundenzufriedenheit nutzt und gemäß der Philosophie »Support your local dealer« gleichzeitig die analogen Marktstrukturen stärkt und damit Arbeitsplätze sichert, statt sie wie Amazon zu zerstören. Auf dieser Plattform könnten natürlich auch alle Selfpublisher dann endlich ein Zuhause finden. Eine Subkultur, die im Schatten und jenseits von

ISBN-Nummern blüht, und ein wachsender Markt, den man bisher komplett und alleine Amazon überlässt. Ach ja, und wenn man das Ganze dann zum Beispiel als Genossenschaft organisiert, könnte man auch gleich alle Leserinnen und Leser als Teilhaber mit an Bord holen. Kundenbindung über Genossenschaftsanteile – das wäre doch ein deutlich spannenderes und nachhaltigeres Angebot, als weiterhin die Gebühren fürs Prime-Abo bei Amazon einzuzahlen. Sicher, dann müssten sich alle zusammensetzen, eine Runde nachdenken und faire Konditionen aushandeln, damit der stationäre Handel auch beim Onlinebusiness mitverdient, aber das wäre doch mal eine Ansage.

Willkommen in Gotham City

Die stabilsten Gewinne erwirtschaftet Amazon nicht mit seinem Onlinekaufhaus oder seinem Marktplatz, sondern mit den 2006 gestarteten Amazon Web Services (AWS). Mit AWS stellt Amazon Unternehmen, die ihre Informationstechnik ins Internet verlagern wollen, Computerkapazitäten und IT-Services bereit. In diesem Cloud-Geschäft konkurriert Amazon mit Unternehmen wie Microsoft und Google, ist aber auch hier bereits der eindeutige Weltmarktführer. Im zweiten Quartal 2018 steigerte Amazon in diesem Feld den Umsatz um 49 Prozent auf 6,1 Milliarden Dollar bei einem Betriebsgewinn von 1,6 Milliarden Dollar (siehe R. Lindner 2018). Mehr als eine Million aktive Kunden nutzen inzwischen die Amazon Web Services, vom kleinen Einzelkunden, der in der Amazon Cloud seine Daten und Bildarchive ablegt, über Start-ups, die sich kein eigenes Rechenzentrum leisten können, bis zu großen Konzernen wie Netflix, Adobe oder etwa zwei Drittel der deutschen DAX-Unternehmen, die ihre IT-Strukturen bei Amazon outsourcen, um Geld zu sparen. David Cheriton rät dringend davon ab: »Das ist so, als ob man sein Gehirn bei Bezos auslagert und ihm das Denken überlässt.« (siehe M. Hohensee 2018). Cheriton, Informatiker und Professor in Stanford, ist ein Urgestein der digitalen Welt, und hat jene Netztechnologien mitentwickelt, auf denen Amazon sein Imperium heute aufbaut. Ende der 1990er-Jahre gab er den Stanford-Studenten Larry Page und Sergey Brin den ersten 200 000-Dollar-Kredit für den Start von Google. Wovor er warnt, ist die Abhängigkeit, in die sich Unternehmen begeben, wenn sie ihre IT auf die Amazon-Server auslagern. Einmal mit dieser Struktur verbunden, wird es schwer, hier jemals wieder rauszufinden. Und wenn dann bei AWS ein Fehler passiert und die Server abstürzen, dann gehen, was schon vorgekommen ist, 150 000 Websites gleichzeitig offline. Zunehmend werden die AWS auch von Behörden und öffentlichen Einrichtungen genutzt. Von Museen und Krankenhäusern zum Beispiel oder auch von der CIA, für die AWS im Rahmen eines 600-Millionen-Dollar-Auftrags eine Art Secret Cloud entwickelt und umgesetzt hat, die jetzt irgendwo topsecret auf den Amazon-Servern versteckt ist. Aktuell winkt das amerikanische Verteidigungsministerium für einen ähnlichen Auftrag mit einem Budget von zehn Milliarden Dollar! Da wird noch verhandelt, auch mit Mitbewerbern wie Microsoft, wahrscheinlich aber hat Amazon als Weltmarktführer mit CIA-Referenz die Nase vorn. Das ist schon lustig. Über seinen Twitter-Kanal beschimpft Präsident Donald Trump bei jeder sich bietenden Gelegenheit Jeff Bezos, weil der mit zu geringen Frachttarifen die amerikanische Post ruiniert, aber natürlich auch weil Bezos Inhaber der *Washington Post* ist, also Fake News über den Präsidenten verbreitet. Im Hintergrund aber macht das Verteidigungsunternehmen mit Jeff Bezos einen Milliarden-Mega-Deal klar. Wer hat denn hier jetzt eigentlich das Sagen?

Fassen wir doch mal zusammen: Amazon ist das weltweit größte Onlinekaufhaus und gleichzeitig Betreiber des größten Marktplatzes für Händler aus aller Welt. Zusätzlich stellt Amazon mit seinen Web Services den größten Teil der digitalen Infrastruktur, die diese ganze smarte Welt am Laufen hält, und hat die Daten und Ideen von tausenden Unternehmen auf seinen Servern liegen. Und weil wir in Kürze alle auch Alexa to go im Taschenformat mit uns herumtragen, verfügt Amazon über die täglich aktualisierten Bewegungs- und Lebensprofile von Millionen Kunden. Ach ja, CIA und Pentagon sind auch schon bestens ins Amazon-Imperium integriert. Scheiße, wo ist eigentlich Batman, wenn man ihn wirklich mal braucht? Wenn wir nicht aufpassen, sind wir gar nicht mehr so weit entfernt von Gotham City. Der nächste Schritt in diese Richtung heißt Amazon Go. Damit greift Amazon jetzt die Supermarktketten an. Der Hit an den Amazon-Go-Läden ist, dass sie ohne Kasse auskommen. Beim Betreten des Ladens autorisiert sich der Kunde mit der Smartphone App und kann dann einfach einpacken, was er mitnehmen will. Dabei wird man von Sensoren und Kameras beobachtet, die den Einkauf am Ausgang automatisch vom Konto abbuchen. Nie mehr Schlange stehen, für die Kunden mit wenig Zeit. Ein Traum. Auf schnell und to go sind auch die Produkte in diesen Märkten programmiert, also im Wesentlichen industriell produzierte Nahrungsmittel und Fertigfutter, weil derart automatisierte Prozesse am besten auch mit normierten Produkten funktionieren. Amazon Go ist also im Grunde ein Junkfood-Store, der zwar ohne Kasse, aber dafür mit Gesichtserkennungstechnik arbeitet. Das ist halt das Problem mit der smarten Welt. Monopolstrukturen, wie sie Amazon konsequent Stück für Stück aufbaut, laufen zwangsläufig auf totalitäre Methoden hinaus. Die smarte Oberfläche verspricht uns mehr Komfort, mehr Bequemlichkeit und maximale Kundenzufriedenheit, aber hinter dieser Oberfläche handeln wir uns eine voll vernetzte Totalüberwachung ein und wandern, gemütlich auf dem Sofa sitzend, vom Shoppingrausch benebelt in eine »smarte Diktatur«, wie Harald Welzer diesen Prozess beschreibt. (H. Welzer 2016) Der Allesverkäufer wird zum Allesbeherrscher, und dann kann es doch irgendwann auch nützlich sein, wenn das digitale Gehirn des Pentagon auf den eigenen Amazon Servern liegt. Da kann der irre Präsident ruhig weiter twittern – und Jeff steuert die Drohnen.

Nein, so weit muss es ja nicht kommen. Das muss ja nicht die Zukunft sein, auf die wir uns einlassen müssen. Glücklicherweise zwingt uns ja keiner, bei Amazon einzukaufen. Wir müssen uns als Prime-Kunden nicht zu Konsumzombis abrichten lassen, denen jedes Mal der Sabber aus dem Mund läuft, weil Amazon am Prime Day mal wieder mit Schnäppchen winkt. Das ist doch wirklich wieder finsterstes Neandertal. Nein, wir müssen gar nichts. Wir sind 44 Millionen und wenn, dann kaufen wir schon freiwillig bei Amazon ein. Oder wir lösen morgen alle gleichzeitig unser Kundenkonto auf. Amazon Go – Home!

Die Zukunft war früher auch mal besser

Es bringt uns ja jetzt auch nicht unbedingt weiter, Jeff »Bözos« hier als den Darth Vader des eCommerce hinzustellen, die dunkle Seite der Marktmacht. Was wollen wir ihm denn eigentlich vorwerfen? Dass er Anfang der 1990er-Jahre zur richtigen Zeit am richtigen Ort war und die Chancen des Internets früh erkannt hat? Dass er die neoliberalen Marktspielregeln radikal und konsequent ausgenutzt hat, um sein Imperium aufzubauen? Regeln und Gesetze, die es in der digitalen Prärie sowieso kaum gab und immer noch nicht gibt – und dass er deshalb genauso handelt wie einst die Pioniere im Wilden Westen? Der Stärkere macht den Schwächeren platt. The winner takes it all. So läuft das eben, wenn sich Märkte völlig unreguliert entfalten. Einfach nur jammern hilft da jetzt auch nicht weiter. Aber wenn wir mit Amazon nicht einverstanden sind, müssen wir ja nicht länger mitspielen. Jeff Bezos ist ja schließlich kein Schicksalsschlag, der über die Menschheit hereingebrochen ist und dem wir jetzt fortwährend und besonders am Prime Day unsere Konsum- und Freiheitsopfer bringen müssen. Das ist ja letztlich unsere Entscheidung. Im Internet, da muss man Jeff Bezos durchaus mal recht geben, ist ja wirklich erst Day One. Gott hat zwar nur sieben Tage für die Erschaffung der Welt gebraucht, aber die smarte Welt ist schließlich wirklich verdammt komplex, und da sind mal eben vier Jahrzehnte auch keine Zeit. Wir stehen hier erst ganz am Anfang, und wenn wir nun sehen, dass sich in dieser Kindergartenphase der Netzwelt drei, vier große Jungs den größten Teil dieser Welt untereinander aufgeteilt haben – Google die Suchmaschinen und Werbung, Facebook die sozialen Medien und Amazon den Konsum – dann müssen wir das eben jetzt mal neu denken und besser machen.

In der analogen Welt hat jede Stadt, jede Gemeinde und jedes Dorf ein Gewerbe- oder Industriegebiet. Dort versucht man, mit günstigen Hebesätzen für die Gewerbesteuer, einer guten Verkehrsanbindung oder einem schönen Lebensumfeld Unternehmen anzulocken, die für Arbeitsplätze sorgen und mit ihren Steuern dazu beitragen, dass die Kommune ihre öffentlichen Aufgaben erledigen kann. Genau so funktioniert auch ein klassischer Marktplatz, wo ein Händler seine Standgebühren und die Umsatzsteuern in die Stadtkasse bezahlt. In dem Land mit dem Namen Internet, das nebenbei im Vergleich mit allen anderen Ländern der Welt schon heute auf dem sechsten Platz in Sachen Energieverbrauch steht (alleine der digitale Datenverkehr in Deutschland benötigt den Strom von fünf Großkraftwerken), gehören die meisten Marktplätze und Industriegebiete Jeff Bezos. Wenn Daten das Öl der Zukunft sind, verfügen Amazon und Co. über die größten Tanks und über die meisten Pipelines. In unserer analogen Welt wäre bei einer so dominanten Marktmacht längst das Kartellamt eingeschritten, das ja für Wettbewerb sorgen soll. In der smarten Welt gibt es aber bis heute kein Kartellamt und auch keine öffentlich-rechtliche Infrastruktur. Warum eigentlich nicht? Wo sollen denn für Städte und Kommunen in Zukunft die Einnahmen herkommen, wenn die komplett in der Kasse bei Amazon verschwinden, bei einem Unternehmen, das zudem noch von staatlicher Seite dabei unterstützt wird, möglichst wenige Steuern zu zahlen? Für Flugtaxis und autonomes Fahren zum Beispiel müssen enorme Datenströme verarbeitet werden, die diese ferngesteuerte Mobilität möglichst unfallfrei in Gang setzen und am Laufen halten. Dafür werden riesige Rechenzentren gebraucht. Werden die dann von Amazon gebaut und betrieben oder von Google oder Daimler und VW? Wenn es so kommt, wären mit einem Schlag alle Autobahnen privatisiert, und so kann man das nun Branche für Branche weiter denken. In Zukunft wird dann nicht mehr die PKW-Maut für hitzige politische Diskussionen sorgen, sondern wir zahlen irgendeinen smarten XXL-Mobiltarif inklusive Bord-Entertainment, der natürlich nicht die Staatskasse füllt, sondern die Milliardenbeträge deutscher Autofahrer auf die Konten von Google oder Amazon spült. Wenn wir aber die komplette digitale Infrastruktur privatisieren und damit auch die ertragreichsten Marktplätze und Industriegebiete den Internet-Konzernen überlassen, wie und auf was will der Staat denn dann noch Einfluss ausüben? Eben! Der smarte Staat ist dann ein Unternehmen geworden – oder umgekehrt – und die Idee der freien Marktwirtschaft zu einer neofeudalen Ökonomie mutiert – in der wir absolut prime und bei hoher Kundenzufriedenheit ganz bequem leben dürfen. Jedenfalls solange wir bezahlen. Eine schöne neue Zukunft, auf die wir uns da gerade einlassen.

Das Problem mit der Digitalisierung ist am wenigsten eine Frage der Technologie. Viel wichtiger wäre doch zu klären, was Digitalisierung eigentlich mit uns selbst macht, mit unserer Gesellschaft und der Demokratie. Warum gibt es keine öffentlich getragenen Rechenzentren, also die Industriegebiete der smarten Welt, wo sich Unternehmen und Start-ups ansiedeln können, deren Gewinne dann auch wieder in die öffentlichen Kassen fließen? Wenn uns Gemeinschaft und Online-Community wichtig sind, warum organisieren wir dann keine sozialen Netzwerke, die nicht mit Werbung durchsetzt sind und wo der Datenschutz einer demokratischen Kontrolle unterliegt? Sicher kann man da einwenden, dass so viel Nähe zum Staat selbst in unserer tollen Demokratie heikel ist. Aber unsere Persönlichkeitsprofile einfach weiterhin bei Google, Facebook oder Amazon abzugeben kann auf Dauer auch nicht die Lösung sein. Wer weiß denn schon, ob und wann sich in der Secret Cloud der CIA auf den Amazon Servern eine Tür öffnet, um schnell mal einen Blick auf über 300 Millionen Kundendaten zu werfen? Worauf das dann hinausläuft, kann man sehen, wenn man mal kurz in Richtung China blickt. 2020 möchte die chinesische Regierung dort flächendeckend mit ihrer »Citizen Score« starten, dem alles überwachenden Sozialkredit-System, das sich gerade in der Testphase befindet. Jeder Bürger erhält ein Punktekonto, auf das bei Wohlverhalten Bonuspunkte auflaufen, für die man sich dann Vorteile sichern kann, wie verbilligte Flugreisen, günstige Kredite oder auch Aufstiegschancen im Beruf. Man kann aber auch mit Punktabzügen bestraft werden, wenn man beim Überqueren einer roten Ampel erwischt wird, zu viele alkoholische Getränke auf die Ladentheke stellt oder regierungskritisches Verhalten an den Tag legt. Da ist dann schnell Schluss mit den Vergünstigungen und den Karrierechancen. Um diese vielen Daten zu analysieren, arbeitet die Regierung natürlich mit den großen Tech-Unternehmen zusammen, also zum Beispiel mit Alibaba, dem chinesischen Amazon. Alibaba ist – allerdings mit weitem Abstand – der einzige ernstzunehmende Amazon-Konkurrent und wurde von Jack Ma gegründet, der sich gerade von der Firmenspitze verabschiedet hat, um sich fortan philanthropischen Aufgaben zu widmen. Und Alibaba bietet im Grunde alles, was auch Amazon im Angebot hat: ein riesiges Onlinekaufhaus und inzwischen auch Shopping-Malls, in denen die Kunden mit Alipay bezahlen, dem mit mehr als 500 Millionen Nutzern weltweit größten Onlinebezahlsystem. Natürlich von Jack Ma und seiner Firma Ant Finance entwickelt. Früher nannte man ja die chinesischen Arbeiter, die Mao nach der Kulturrevolution in einheitliche blaue Arbeitsanzüge gesteckt hat, damit sie schön uniform für Staat und Partei schuften können, blaue Ameisen. Heute zahlen die Chinesen via Ant Finance eben bei Ma ein. Und können sich dann auch Bonuspunkte bei Sesam Credit sichern, dem von Alibaba entwickelten Profiling-System, das Kundenwohlverhalten beim Konsum und die Nutzung möglichst vieler Alibaba-Dienstleistungen honoriert. Kombiniert mit dem staatlichen Punktesystem kann man dann jedem einzelnen Bürger noch besser dabei helfen, die richtigen Entscheidungen zu treffen. Und wer sich partout nicht helfen lassen will, der wird eben mit einem Klick aus dem System gekickt. Konto dicht und aus die Maus. So kann es kommen in der Zukunft, auf die wir uns gerade einlassen.

Jetzt ist aber mal gut mit den Horrorgeschichten. Wir leben ja schließlich in einer Demokratie, in der die Bürger- und Freiheitsrechte durch die Politik geschützt werden. Wobei man, wenn man sich unser aktuelles politisches Personal so anschaut, schon seine Zweifel kriegen kann. Das Rückgrat, mit dem sich die Politiker im aktuellen Dieselskandal den Autobossen entgegenstellen, die Millionen Autokäufer beschissen und belogen haben, spricht Bände. Statt, wie man das erwartet hätte, mal auf den Tisch zu hauen und zu sagen, »So, Freunde, geht es aber nicht, ab morgen werden alle Dieselkarren umgerüstet, und zwar dalli«, passiert drei Jahre erst mal gar nichts. Und wenn wir jetzt Glück haben, springt für die geprellten Kunden eine Umtausch-Prämie heraus. Also ein Rabatt dafür, dass man sein voll funktionsfähiges Auto austauscht und sich dann bei dem Dealer, der dich gerade schon einmal böse übers Ohr gehauen hat, für viel Geld ein neues Auto kauft. Also ein Konjunkturprogramm für eine echte Gangsterbande. Klimaschutz und nachhaltiges Wirtschaften sieht irgendwie anders aus, denn eines dürfte ja klar sein: Die Dreckdiesel, die hier dann aus dem Verkehr gezogen werden, stinken dann in Osteuropa oder Afrika noch munter ein paar Jahre weiter. Ganz ehrlich, mit dieser Einstellung können wir Jeff Bezos und Kollegen nun wirklich nicht erklären, wie faires Business in der digitalen Welt funktioniert. Also müssen wir uns für den Anfang eben selbst drum kümmern.

Wenn morgen schon mal die 17 Millionen Amazon-Prime-Kunden in Deutschland ihr Abo kündigen, dann sind das monatlich 136 Millionen Euro weniger in den Kassen bei Amazon. Oder wenn nur die rund 44 Millionen deutscher Kunden einfach sagen: »Schnauze, Alexa, und Tschüss, Amazon!« Ein derart überzeugendes Statement würde ganz sicher auch Jeff Bezos nicht unbeeindruckt lassen. Na gut, das wird nicht passieren. Aber warum eigentlich nicht? Denn wenn wir weiter heiter und bedenkenlos bei Amazon einkaufen, dann legitimieren wir all diese fragwürdigen Entwicklungen. Wir akzeptieren, dass von den 174 Milliarden Dollar Jahresumsatz, die Amazon 2017 gemacht hat, mal eben schlappe drei Milliarden als Gewinn übrigbleiben, für die es nach Luxemburger Steuermodell dann ziemlich sicher auch noch eine fette Steuerrückzahlung gibt. Wir akzeptieren, dass für unsere Billigbestellungen die weltweit 560 000 Amazon-Mitarbeiter zum größten Teil schlecht bezahlt und menschenunwürdig behandelt werden. Wir akzeptieren, dass wir nicht wissen, welche Daten Amazon von uns sammelt, analysiert und speichert. Wir akzeptieren, dass Amazon seine Rechenzentren fast ausschließlich mit dreckigem Kohlestrom befeuert. Und was eigentlich das Schlimmste wäre, wenn wir weiter bei Amazon auf Kaufen klicken – Jeff Bezos könnte denken: »Ist doch alles super, wie es ist. Die Leute finden das doch alles toll, was ich mache und Amazon bietet. Die lieben doch alle ihr bequemes und smartes Leben.«

Okay, wenn das so ist, dann haben wir ja gar kein Problem. Aber nicht vergessen: Die Zukunft, auf die wir uns einlassen, ist die Gegenwart, in der wir leben werden.

Amazon Go – Home!

In Sachen Empörungsrhetorik sind wir ja heute in der Regel schnell unterwegs, weil rumnölen und kritisieren nicht nur via Social Media einfach ist. Deutlich schwerer tun wir uns damit, uns von liebgewonnenen Gewohnheiten oder auch antrainiertem Fehlverhalten – zu viel trinken, rauchen, sitzen und so weiter – zu verabschieden. Wie also kriegen wir es hin, uns aus den Fängen eines Monsterkonzerns zu befreien, der alles unternimmt, um uns mit seinen Sonder- und Serviceangeboten noch stärker an sich zu fesseln? Zum Beispiel mit der neuesten Kundenbindungs-Idee: der Kreditkarte für Prime-Kunden. Wer die Karte besitzt, sammelt mit jedem Amazon-Einkauf, der über die Kreditkarte bezahlt wird, Bonuspunkte im Wert von drei

Prozent des Kaufpreises und selbst, wenn man mit der Prime-Card bei anderen Händlern einkaufen geht, gibt es eine Bonusgutschrift über 0,5 Prozent. Diese Bonuspunkte kann man dann logischerweise bei Amazon wieder einlösen. Sehr praktisch – vor allem für Amazon, denn so weiß Amazon jetzt auch, für was die lieben Kunden sonst noch ihr Geld ausgeben und bei wem. Selbstredend macht sich Amazon bei Auskunfteien wie der Schufa auch über die Finanzkraft seiner Kunden schlau. Zusammen mit den anderen Dingen, die Amazon über unser Leben und Konsumverhalten weiß, wächst da also auf den Servern von Amazon und der anderen großen Tech-Konzerne ein riesiger Datenschatz mit detaillierten Persönlichkeitsprofilen der halben Menschheit an, und keiner weiß so genau, wie diese Daten ausgewertet und genutzt werden. Der Allesverkäufer ist schon heute ein Alleswisser: Big Bözos is watching you.

Also, was ist zu tun? Ein schlaues Buch lesen kann da ja bestenfalls eine kleine Moti vationshilfe sein. Die Frage ist, wie wir unseren Erkenntnisgewinn vom Hirn in die Hand transferieren können, um unseren Zeigefinger daran zu hindern, wieder zärtlich übers Tablet streichelnd, den Amazon-Kaufbutton zu aktivieren? Den trägen Hintern hochkriegen, wenn es gerade so schön gemütlich ist, das ist dann plötzlich ein erstaunlich weiter Weg. Aber die Sache ist nun einmal ernst, und deshalb können wir nicht einfach zuschauen, wie Amazon vom Allesverkäufer zum Allesbeherrscher und vom Alleswisser zum Alleszerstörer wird. Es hilft nichts, wir müssen runter vom Sofa und raus aus unserer Komfortzone.

Klimawandel und Migration, die großen Problemfelder unserer Tage, hängen unmittelbar mit einer komplett fehlgeleiteten globalen Wirtschaftspolitik zusammen, die für maximalen Profit den Planeten rücksichtslos plündert, auf moderne Kinder- und Sklavenarbeit setzt und ganze Kontinente mit Rohstoffkriegen und Elend überzieht. In dieser gut geölten Maschine, die weltweit zu sozialen Verwerfungen und wachsender Ungleichheit führt, ist ein Unternehmen wie Amazon der Turbolader für einen noch größeren, schnelleren und bequemeren Konsumrausch. Tja, und wir hängen mit drin und stützen und stärken ein System, von dem wir selber wissen, dass es uns in den Abgrund führt. »Wir haben ja nichts gewusst«, damit können wir uns jedenfalls nicht rausreden.

Zweimal die Woche steht einen Block weiter der Grillwagen mit seinen Hähnchen am rotierenden Spieß. Der Appetit anregende Geruch, der von diesem Chicken-Grill ausgeht, entfaltet seine verführerische Wirkung auch noch drei Ecken weiter bis in meinen Hinterhof. Eine ganze Zeit lang folgte ich in regelmäßigen Abständen willenlos meiner Nase, die Witterung aufnahm und mich völlig autonom Richtung Hähnchengrill navigierte, bis ich eines Tages auf der rund 150 Meter langen Wegstrecke folgende Rechnung aufstellte: Sieben Euro kostet ein fertig gegrilltes knusprig braunes Hähnchen, davon muss der

Grillwagen bezahlt werden, der Strom und der Mitarbeiter, der den ganzen Tag vor einer glühenden Wand steht und mächtig schwitzt. Was also kann das Hähnchen kosten, wenn es gerupft und nackig aus der Mastfabrik angeliefert wird? Wahrscheinlich maximal zwei Euro. Für diesen Preis also wird das Hähnchen in wenigen Wochen mit Kraftfutter und reichlich Antibiotika unter perversen Produktionsbedingungen auf Schlachtgewicht gemästet! Nachdem ich mit diesem Bild vor Augen vor dem Grillwagen angekommen war, konnte ist trotz großem Hungergefühl nur noch sagen: »Ach, danke nein, ich bin schon satt.«

Autosuggestion nennt man das wohl, und wenn wir uns Amazon abgewöhnen wollen, kann womöglich ein wenig Selbstbeeinflussung nicht schaden. Ein kleines Mantra, das wir jedes Mal memorieren, wenn wir plötzlich wieder auf amazon.de unterwegs sind. Machen wir uns einfach immer wieder klar, für was der Name Amazon wirklich steht:

A wie

Am besten sofort das Prime-Abo kündigen, weil das auch nur ein Premium-Beschissmus ist. Die gut 100 Millionen Amazon-Prime-Kunden kaufen im Schnitt fast doppelt so viel bei Amazon ein wie Kunden ohne Prime-Status. Und warum? Weil sich für acht Euro Abogebühr vier portofrei nach Hause gelieferte Päckchen besser anfühlen als nur ein oder zwei. Wir glauben zu sparen und geben das Doppelte aus. Kein guter Deal. Also Schluss mit Prime, was auch davor schützt, sich die Prime-Kreditkarte aufschwatzen zu lassen.

M wie

Megakonzerne wie Amazon entwickeln zwangsläufig Monopolstrukturen. Zusammen mit allen Amazon-Marketplace-Händlern bietet Amazon seinen weltweit gut 300 Millionen Kunden aktuell 353 710 754 Produkte an. Hinzu kommen die Amazon Webservices, also die digitale Infrastruktur für tausende Unternehmen. Mit der Prime-Kreditkarte steigt

Amazon jetzt ins Finanzbusiness ein, und – Banker aufgepasst – Prime-Kredite und Prime-Versicherungen dürften sicher demnächst folgen. Einer für alles – das ist die Strategie von Amazon. Mit all seinen Service- und Dienstleistungen macht uns Amazon zu gläsernen Konsumenten und transformiert unsere demokratischen Grundrechte in eine smarte Diktatur, totale High-Tech-Überwachung inklusive.

A wie

Arbeitnehmer und Arbeitnehmerinnen haben bei Amazon nichts zu lachen, selbst wenn Jeff Bezos gerade stolz verkündet hat, den Mindestlohn für die US-Belegschaft auf 15 Dollar zu erhöhen. Doch auch hinter dieser Wohltat, für die sich Jeff Bezos gerade feiern lässt, steckt keinerlei altruistisches Kalkül. Im Gegenteil: Es geht darum, die Konkurrenz zu schwächen. Und zwar im Wettstreit um die zur Weihnachtszeit dringend gesuchten Saisonarbeiter, die jetzt Walmart und anderen Mitbewerbern fehlen. Hier in Deutschland streitet sich Verdi seit Jahren mit Amazon über einen Tarifvertrag für die aktuell rund 14 500 Mitarbeiter, die unter Hochdruck und permanenter Videoüberwachung im Akkord unsere Päckchen packen. Das kann uns einfach nicht egal sein.

Z wie

Zweifelsohne müssen wir beim portofreien Onlineeinkauf unsere persönliche Klimabilanz mit einberechnen. Amazon verschickt in Deutschland pro Tag etwa 1,1 Millionen Pakete. Gelingt die Zustellung an unsere Haustür beim ersten Versuch, liegt die CO_2-Belastung pro Paket bei rund 277 Gramm. Bei drei Zustellversuchen liegen wir im Schnitt bei über einem Kilo CO_2-Ausstoß, und wenn das Päckchen dann auch noch retour geht, gute Nacht, Klimaschutz. Wirklich miserabel fällt die CO_2-Bilanz aus, wenn man zum Beispiel Kleidung zunächst im Fachgeschäft anprobiert und die Klamotte dann online bestellt, um ein paar Euro zu sparen.

O wie

Omnipräsent mischt sich Amazon in unser aller Leben ein, und wir sollten tunlichst vermeiden, uns weiter davon abhängig zu machen. Stellen wir uns Amazon als eine gigantische Mastfabrik vor, sind wir die Mastviecher, die sich stopfen lassen. Dieses ganze smarte Leben funktioniert natürlich nur, solange wir bezahlen können. Wenn nicht, hat Amazon – siehe Seattle – für uns maximal ein Smile übrig und freut sich ansonsten über jeden Cent gesparter Steuern, weil die Gewinne chronisch kleingerechnet werden.

N wie

Nie mehr bei Amazon einkaufen, muss also für jeden halbwegs klar denkenden und freiheitsliebenden Menschen die logische Konsequenz sein. Und der Ausstieg bei Amazon kann nur ein Anfang sein, denn wir müssen dringend darüber nachdenken, in welcher Gegenwart wir in Zukunft leben wollen.

Feedback und Ideen zum Weiterspinnen
gerne an

#schnauzealexa
oder
schnauzealexa@westendverlag.de

Dank für den inspirierenden Gedankenaustausch geht an

Lotte, Milli, Friedhelm, Mathias, Marlene, Sandra, Marvin und die Freunde des Westend Verlages

Literatur

Arthur Koestler: *Der Mensch – Irrläufer der Evolution*, Frankfurt/M. 1989

Brad Stone: *Der Allesverkäufer: Jeff Bezos und das Imperium von Amazon*, Frankfurt/M. 2013

Harald Welzer: *Die smarte Diktatur. Der Angriff auf unsere Freiheit*, Frankfurt/M. 2016

Heike Geißler: *Saisonarbeit*, Leipzig 2014

Links zum Thema

»Amazon: 2017 so viele Prime-Abonnenten wie nie zuvor«, merkur.de, 19.4.2018:

www.merkur.de/wirtschaft/amazon-2017-so-viele-prime-abonnenten-wie-nie-zuvor-zr-9795354.html

»Amazon-Beschäftigte streiken für höhere Löhne«, kontrast.at, 17.7.2018:

kontrast.at/amazon-streik/

»Amazon – Gnadenlos erfolgreich«, ZDFinfo Doku, 29.9.2018:

www.zdf.de/dokumentation/zdfinfo-doku/amazon-gnadenlos-erfolgreich-102.html

»Amazon lockt Kunden mit Kreditkarte«, faz.net, 2.10.2018:

plus.faz.net/faz-edition/unternehmen/2018-10-02/22df302dd62e942072689d669ce242d3?GEPC=s9

»Amazon erhält angeblich 10-Milliarden-Dollar-Auftrag vom Pentagon«, handelsblatt.com, 5.4.2018:

www.handelsblatt.com/unternehmen/handel-kon sumgueter/medienberichte-amazon-erhaelt-angeb lich-10-milliarden-dollar-auftrag-vom-pentagon/ 21144044.html?ticket=ST-6224440-OgmeNGx 1AkzF0f4u9sGA-ap3

»Amazon vernichtet neuwertige Waren in großem Stil«, spiegel.de, 8.6.2018:

www.spiegel.de/wirtschaft/unternehmen/amazon-vernichtet-neuwertige-waren-in-grossem-stil-a-1211876.html

»Amazon zerstört massenhaft neuwertige Artikel«, sueddeutsche.de, 10.6.2018:

www.sueddeutsche.de/wirtschaft/online-handel-amazon-zerstoert-massenhaft-neuwertige-artikel-1.4009766

Aida Bosch, Emanuel Eck, Rebecca Hipperli: »Die Kinder von Merkel und Instagram«, faz. net, 12.4.2018:

www.faz.net/aktuell/gesellschaft/quarterly/die-kinder-von-merkel-und-instagram-15535334.html

Catherine Hoffmann: »Die Kritik an Amazon ist heuchlerisch«, sueddeutsche.de, 12.6.2018:

www.sueddeutsche.de/wirtschaft/zerstoerte-retouren-die-kritik-an-amazon-ist-heuchlerisch-1.4010840

Christian Deutschländer: »Wir brauchen digitale Volkshochschulen«, fr.de, 27.8.2018:

www.fr.de/politik/dorothee-baer-wir-brauchen-digitale-volkshochschulen-a-1570610

Christian Stöcker: »Überwachung Sauron im Trump Tower«, spiegel.de, 9.9.2018:

www.spiegel.de/wissenschaft/datenlese/whatsapp-und-co-geheimdienste-fordern-hintertuer-fuer-messenger-dienste-a-1227115.html

Frank Hüber: »100 Millionen: Amazon nennt erstmals Kundenzahl von Amazon Prime«, computerbase.de, 19.4.2018:

www.computerbase.de/2018-04/amazon-kunden zahlen-amazon-prime/

Gustav Theile: »Wer baut dem Pentagon eine Cloud?«, faz.net, 27.7.2018:

www.faz.net/aktuell/wirtschaft/diginomics/amazon-und-microsoft-wollen-pentagon-cloud-bauen-15710689.html

Hayley Peterson: »The Pentagon is close to awarding a $10 billion deal to Amazon despite Trump's tweets attacking the company«, businessinsider.de, 5.4.2018:

www.businessinsider.de/amazon-trump-wins-pentagon-contract-2018-4?r=US&IR=T

Jakob Blume: »Eine Wanze namens Alexa«, handelsblatt.de, 8.12.2017:

https://www.handelsblatt.com/unternehmen/handel-konsumgueter/zdf-doku-amazon-gnadenlos-erfolgreich-eine-wanze-namens-alexa/20686270.html

Jennifer Apitz: »Was Sie über den Marktplatz Amazon wissen sollten«

https://blog.afterbuy.de/allgemein/marktplatz-amazon/

Jens Berger: »Härter die Boten nie schuften, als zu der Weihnachtszeit«, nachdenkseiten. de, 20.12.2017:

www.nachdenkseiten.de/?p=41662

Jens Berger: »Scholz' Offensive gegen Steuerbetrug im Onlinehandel ist kaum mehr als eine Showveranstaltung«, nachdenkseiten.de, 3.8.2018:

www.nachdenkseiten.de/?p=45296

Katharina Bliem: »Amazon Smile: für 10 000 Euro einkaufen, um 50 Euro zu spenden«, utopia.de, 22.1.2017:

https://utopia.de/ratgeber/amazon-smile-charity-shopping/

Kurt Kister: »Ein Leben ohne Amazon ist möglich, aber beschwerlich«, süddeutsche.de, 5.9.2018:

www.sueddeutsche.de/wirtschaft/internet-seiten-fuer-cent-1.4117982

Malte Corandi: »Bezos' Billionen-Sage«, sueddeutsche.de, 5.9.2018:

www.sueddeutsche.de/wirtschaft/amazon-boersenwert-1.4117558

Mathias Brandt: »Die Amazon Erfolgsformel«, Statista.com, 11.5.2016:

de.statista.com/infografik/4810/die-amazon-erfolgsformel/

Max Deibert: »Schlechte Idee: Amazon patentiert Menschenkäfig für Angestellte«, motherboard.vice.com, 12.9.2018:

motherboard.vice.com/de/article/kz5qdz/amazon-patent-kaefig-feuer-angestellte-konzern-reagiert

Matthias Hohensee: »Der Anti-Bezos«, wiwo.de, 14.8.2018:

www.wiwo.de/technologie/digitale-welt/david-cheriton-der-anti-bezos-/22894294.html

May Jeong: »Everybody Immediately Knew That It Was for Amazon: Has Bezos Become More Powerful in D.C. Than Trump?«, vanityfair.com, 13.8.2018:

www.vanityfair.com/news/2018/08/has-bezos-
become-more-powerful-in-dc-than-trump

Michael Pohlgeers: »Cloud-Computing-Erfin-
der warnt vor Amazon-Gründer Jeff Bezos und
den AWS«, amazon-watchblog.de, 15.8.2018:
www.amazon-watchblog.de/kritik/1456-cloud-
computing-erfinder-warnt-amazon-jeff-bezos-aws.
html

Roland Lindner: »Rekordgewinn mit Cloud
und Werbung«, faz.net, 27.7.2018:
http://www.faz.net/aktuell/wirtschaft/unterneh
men/amazon-rekordgewinn-mit-cloud-und-wer
bung-15710328.html

Thorsten Firius: »So schwer ist es, bei Amazon
ein Buch zu verkaufen«, wiwo.de, 12.5.2017:
www.wiwo.de/unternehmen/handel/privat-han
deln-so-schwer-ist-es-bei-amazon-ein-buch-zu-
verkaufen/19780942.html

Thorsten Firius: »Warum wir bald alle Kunden
von Amazon sind«, wiwo.de, 6.1.2017:
www.wiwo.de/unternehmen/handel/das-jahr-des-
online-giganten-warum-wir-bald-alle-kunden-von-
amazon-sind/19209972.html

Tyler Durden: »The Real Reason Why Amazon Is Hiking Minimum Wages«, zerohedge.com, 3.10.2018:

www.zerohedge.com/news/2018-10-03/real-reason-why-amazon-hiking-minimum-wages-0

Ulrich Friese, Marcus Theurer: »Ersetzt Amazon bald den guten alten Supermarkt?«, faz.net, 7.7.2018:

www.faz.net/aktuell/wirtschaft/unternehmen/wie-amazon-den-lebensmittelhandel-aufmischt-15674911.html

Werner Rügemer: »Amazon-Chef Jeff Bezos erhält den Axel Springer Award«, nachdenkseiten.de, 19.4.2018:

www.nachdenkseiten.de/?p=43580